下田直子　アトリエ
NAOKO SHIMODA
ATELIER Ideas and Source

日本ヴォーグ社

CONTENTS

PROLOGUE   04
MEMORIES   06
ATELIER   10
LOVE   36
MATERIALS   46
PRINTED MATTER   70
SCRAP BOOKS   74
CATALOGUES   88
OUTING   94
TECHNIC   114
BLAND NEW BAGS   120

デザイン　大黒大悟
撮影　　　白井 亮
編集　　　森岡圭介

Design   Daigo Daikoku
Photography   Ryo Shirai
Editor in chief   Keisuke Morioka

PROLOGUE

東京の吉祥寺にある私のアトリエを中心に、
私を取り巻く創作の源泉を写真に、
というお話に戸惑いながらも「面白そう」と思える自分がいました。
自分の回りにあるもの、集めたもの、かわいい素材や、
吉祥寺にアトリエを移してから始めた通信販売のカタログ、
大切にしてきた紙焼きやポラロイドの写真とプライベートの時間、
そしてこの本のために作ったバッグまで「いろいろな私」が詰まっています。

今までいろいろな本や雑誌からインスパイアされてきました。
それはカメラマンやスタイリスト、モノづくりをする人たちの
作品や表現に惹かれて、好きなページを取っておきたい、
という純粋な気持ちからです。
こういうものたちを一冊にしてお見せすることで、手芸を楽しむ皆さんに、
創作のインスピレーションを感じていただければ嬉しいです。
信頼できるスタッフに写真とデザインをお願いしましたので、
押しつけがましさのない、力強い表現になっていると思います。
少しでも皆さんのお役に立てれば、
そして楽しんでいただけたらという気持ちです。
ともすると苦しい、締め切りのある仕事ではないので、楽しい撮影でした。
これまで私の作品を作って、見て、楽しんでいただいた方々、
本の読者の方々、アトリエのスタッフ、私の人生、仕事、本、作品、
展覧会にかかわっていただいたすべての方々、
長く住んでいる吉祥寺の仲間たち、
そして家族にも見てほしい本になりました。
皆さんに感謝です。

90年代の『毛糸だま』誌上で茅木真知子さんとのユニット
「囍ダブルハピネス」の連載ページを持っていました。
現場で撮ったポラロイド写真は、山下恒徳さんの撮影です。
モデルとなったジジは私たちが作った服を着て、
ヘア・メイクさんに髪を結ってもらい世界を回ります。
ジジは真知子さん所有のアメリカの人形ですが、
本当に愛嬌がある可愛らしさを持っています。
アルベールビルでスケートをしたり、メキシコではフリーダ・カーロになったり、
韓国でチマチョゴリを着たかと思えば、ルーマニアで民族衣装に着替えます。
小さい頃、従妹の人形の服を持って放さなかった私に、
叔母が人形の服を作ってくれたことを思い出します。
ある時、父が本当の指物師の職人に頼んで作ってくれたミニチュアの茶箪笥。
これで本当によく人形遊びをしました。そういえば高校生の頃、
私の手芸人生の最初の仕事も、人形を作ってお店に卸す仕事でした。

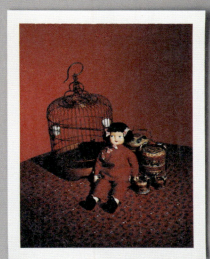

教室のサンプルとして作品をアトリエ内にディスプレイしています。白いバスケットにはフェルトや生地が入っています。18年来てくれている人もいます。ありがたいことです。アトリエで教え始めて18年経ちました。生徒さんの中には、目当ての作品を作りたかったけど、なかなか思うようにできなくて、それでも食らいついてくる人がいます。そういう人はいい。

デスクの上のアンティークの編み針。かわいい色のプラスティックや金属や竹の針も。フェルト玉はネックレスをつくったり、半分に切って花の刺しゅうの花芯に使います。

雑然としているようでも、どこに何があるのか、
どこにしまってあるのかわかっています。
古いブラウン管のテレビで映画を横目で観ながら、
ニュースを聴きながら、手を動かします。
夜な夜な孤独な仕事。
ラジオで深夜放送を聴いていたことも。
終わったら仮眠をとって帰宅。
ハーモニカ横丁（吉祥寺）に呑みに行くこともあります。

鳥が好き、
ハトが好き、
つばめもかわいい。
季節感　和風のもの
夏のもの　鳥。

自分で作った針刺し。大きいから便利。厚みがあると小さい針が中に入っちゃうので、たまに押し出しています。

ソウルの東大門で買ったコードみたいな糸を引き上げ長編みで。通称「餃子バッグ」。

ミシンはスウェーデンの
HUSQVARNA VIKING（ハスクバーナ バイキング）
のデザイナーⅠを使っています。
もともと農機具やバイクを製造していた
会社で作っているミシン。
パワーがすごいです。アクセルを踏んでいる感じ。
ドライブをする感覚で縫える。
あとは JUKI の spur 98 special。

自分の手。ごつい手だと思います。
子供の頃から深爪で、筆圧が強い。
指の力は重要です。
きりっとした編み目にするには。

ある日私の前に、呼ばれるように現れたアンカーの古い刺しゅう糸キャビネット。刺しゅう糸でよく使うのがDMCとアンカー。オリムパスにも不思議な日本らしい好きな色がある。5番はツヤがありすぎて、ここからなかなか出て行かない。かわいい色がここにたくさん入っています。

LOVE

集めるともなく集まってくるものと、意識して集めるコレクションがあると思いますが、私の場合の切手は意識して集めている数少ないアイテムかもしれません。きっかけは姉が集めていたのと、友人からエッチングのいいものを見せてもらった時に喉から手が出るほどほしくなりました。切手の凄いところは、あんなに小さな面積の中に、図柄が盛り込まれ、デザインがパーフェクトなことでしょう。実は切手にはいろいろな楽しみがあると思うのです。大切な手紙を出す時にとっておきの一枚を選んで送る、図柄を見て楽しむなどです。図柄にお国柄が結構出るのも切手です。モナコのものはデザインもきれいで、中国の「金魚」のセットは意外に高価です。東欧とか北欧はシンプルなデザインでいいですが、私はどちらかというと色で集めるのが好きです。製造中止になりそうだった黒地のストックブックを10冊買いこみ、コレクションが始まりました。黒地は切手の図柄が締まった感じになっていいです。ある出版社からコレクションしている切手を題材に刺しゅうをやりませんかというお話があり、一冊本を作りました。

その他のコレクションは、いずれも手芸や布にまつわるもので、まずいつの間にか集まったものにハサミがあります。砥げるハサミがいいですね。鋼のものは重みがあって、その重さで布を裁っていけます。フェルトを切るには中くらいのサイズがちょうどよく、糸切りばさみは、洋物も和物もたくさん

あります。ヨーロッパで鶴の形の糸切りばさみをよく見ますが、珍しいウサギ形を持っています。大きい銀色のハサミはイタリア製。愛用のミシンと同じ会社、スウェーデンのハスクバーナ製の湾曲したハサミもミシンの糸切りに好都合です。

ファブリック系ではインドの手刺しゅうのカシミールショールを始め何枚か持っています。ロンドンやニューヨークで買いました。ヴェラ・ニューマンのプリント生地を集めています。アメリカの50年代ヴィンテージの布で、当時のアメリカの力を体現していて、上質の素材でプリントがきれい。ちょっと刺しゅうするだけで、すごく素敵な作品になります。

メジャーは鯨尺以外は、気づいたらカラフルな色のメジャーが多く、気に留まったときに買っています。「0」のところで切って、きちっと計れるように工夫しています。

最近は和物も気になっていて、仕覆の勉強もしています。布が好きなので楽しいのですが、御朱印帳や、豆皿や、曲げわっぱを入れたりしています。和装本も折本に凝っていて、好きな布を使って表紙が作れるのでいくつか作って、江戸のぽち袋や切手などを貼って楽しんでいます。
吉祥寺の街のお祭りの時に友人達や町内会の人が着るダボシャツを、「かまわぬ」などの手拭いをパッチワークして作っています。子どもの物はとてもかわいくて好評です。

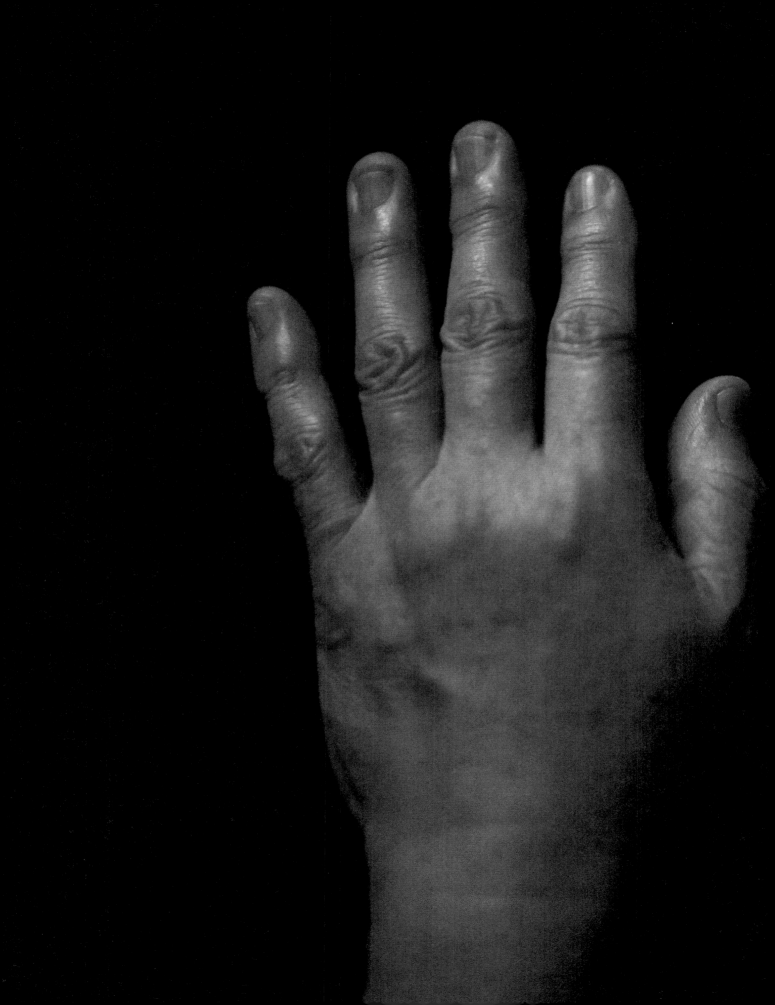

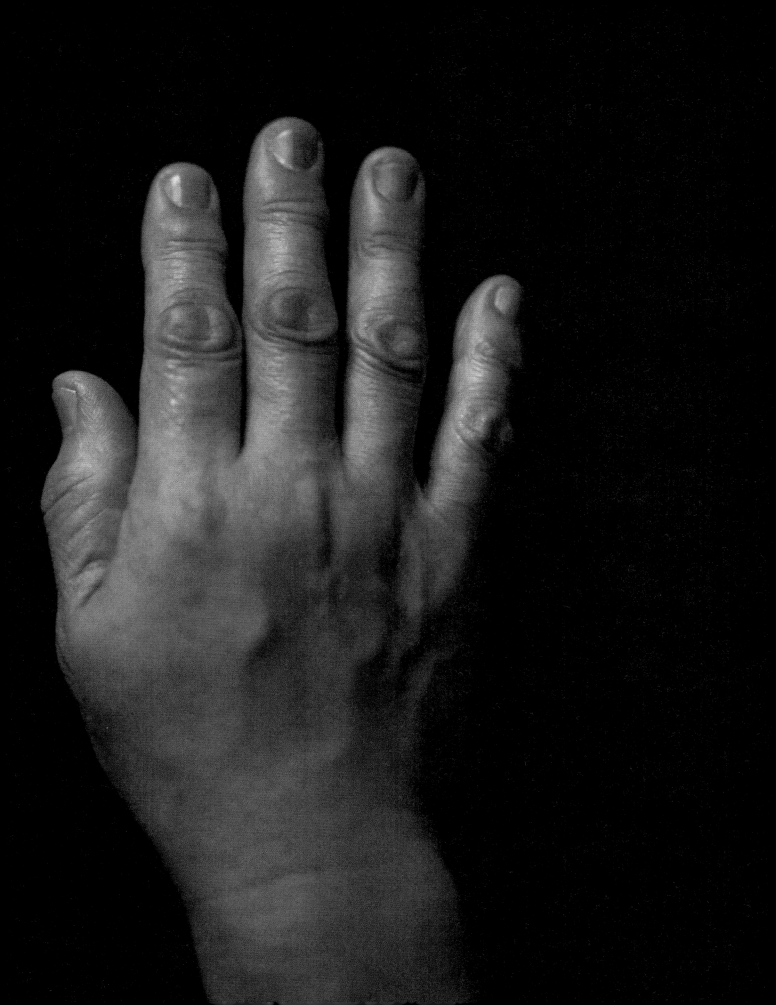

MATERIALS

きなり系の糸、麻のベージュ、白が多いです。これらは無くなると困ります。刺しゅう、編み物にも使います。タコ糸は私にとっては必須の糸。頻繁に使うのはモチーフ編みのときの3号。モチーフがべたっとならずに立体感が出ます。レース糸ではファンシーになりすぎてしまうところ、私が求める編み地やレース地の感じにはピッタリなんです。町田絲店のタコ糸1号から8号まではヘビーローテーションです。鍋敷きにしてもかわいいし。

蔵前の角田商店、大阪の田中安工業所、吉祥寺のエル・ミューゼから調達します。オリジナルの革の持ち手は鳥越にあるバッグ屋さんに依頼して作ります。地元のエル・ミューゼには足しげく通い、イタリア製の面白いものを見つけます。

バッグにいのちを与える持ち手。

がま口もがま口の玉も、
まあるく切ったフェルトも、
たくさんあるとなんだかきれい。

シルクの糸で巻きかかったヴィンテージの飾りボタン。黄色や青のビーズと、たぶんよく合います。

緑色の花のつながり。

動物の角ボタン、ウッドビーズ、ふわふわの羽根飾り、葉っぱや花をパーツにしたもの、貝殻、おもちゃのようなプラスティックボタン。どんどん広がるイメージ。

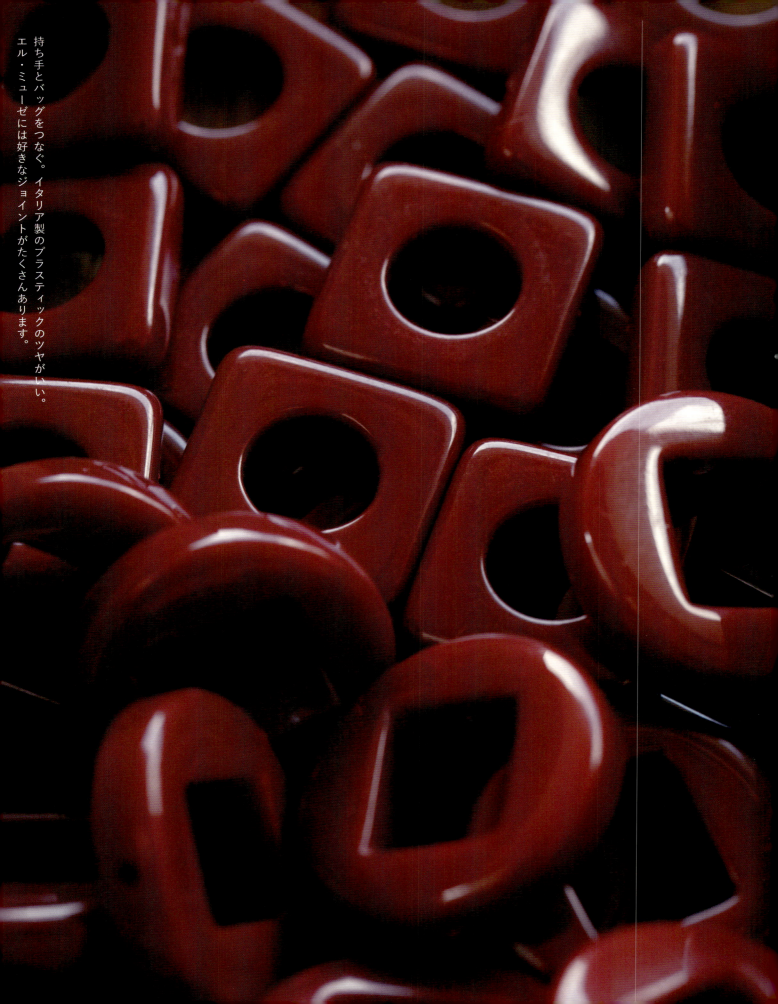

持ち手とバッグをつなぐ。イタリア製のプラスティックのツヤがいい。エル・ミューゼには好きなジョイントがたくさんあります。

オレンジや茶系の色が好き。合わせる色がきれいに見えるように配色します。

丸いボタン、大活躍。くるみボタンの芯にも使います。

バッグのジョイント、なめらかな質感。好きな色。

図案の本に惹かれます。
刺しゅうだったら和風の文様集だとか、テキスタイルの本。
江戸の千代紙にある文様を刺しゅうに応用したりします。
植物図鑑も好きです。
自然の葉っぱ図鑑、食材図鑑に載っている牛の頭とか、
内臓、舌、植物の種やゴマが整然と並んでいたり、
ベリーやリンゴやミカンで埋まっていたりする
ページにワクワクします。
自然の形を正面から見せてくれるからでしょうか。
それとも食い意地が張っているから?
すごく好きな洋書があって、流木や拾ってきたものを
うまく使ってインテリア家具に仕立てたり、
カントリーテイストのパッチワークが
モダンに使われていたりするヴィジュアルブック。
私もいろんなもの、拾います。

PRINTED MATTER

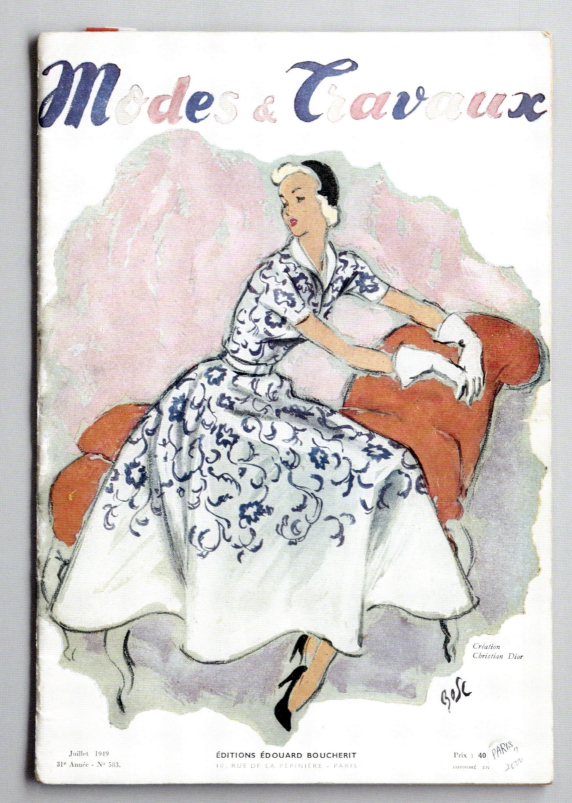

71

1954年のアメリカのファッション誌『CHARM』と、1949年の『Modes&Travaux』。こちらはモードと手仕事がテーマ。50年代の強くてエレガントなアメリカと、社会情勢が厳しかったフランスとの違いがよくわかります。『CHARM』を見ると、私の原風景である、武蔵野の米軍居留区を優雅に歩いていたアメリカの奥様達のファッションがよみがえってきます。『Modes&Travaux』にはかわいい刺しゅうや編み物のページがあって、今でもよく見ます。

SCRAP BOOKS

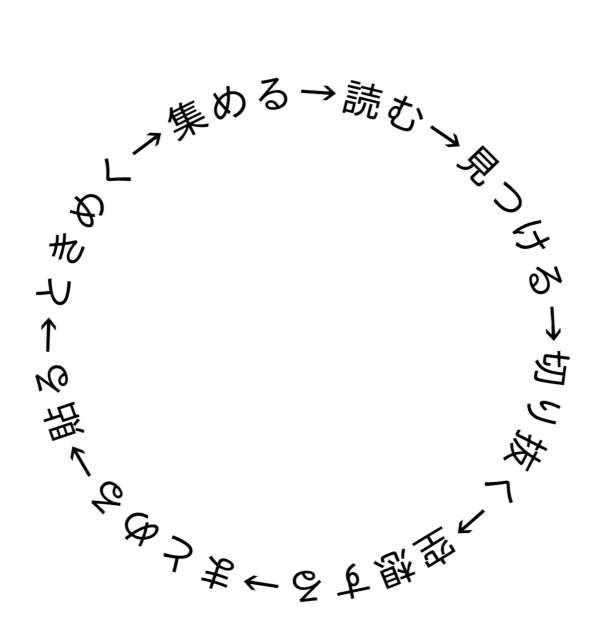

集める→読む→見つける→切り抜く→畜積→まとめる→眺める→ときめく

高校生の頃、スクラップを始めました。
『ミセス』『装苑』『服装』といった日本を代表するファッション誌を
食い入るように見ているうちに、1970年に『anan』が創刊されて、一気に雑誌熱に火が着きました。
12年後に出た『Olive』だって、あんなに作り込んだ世界観を見せてくれていました。
「パリに旅行してクリニャンクールの蚤の市に行きたいな」と空想の中のヨーロッパが膨らみます。
その思いの強さから、切り抜いたものを自分でレイアウトしつつ貼り付けているのがわかると思います。
一人でコツコツとやる孤独な作業で、当時は雑誌を買う意味もあったし、
この写真が好きだなというのもあって情報にも飢えていたけど、最近は取っておきたい雑誌も少なくなりました。
パワーのあるおしゃれな雑誌から受けた影響は計り知れません。
この場を借りて、カメラマンやスタイリストさん、モデルやエディターに感謝を込めて。

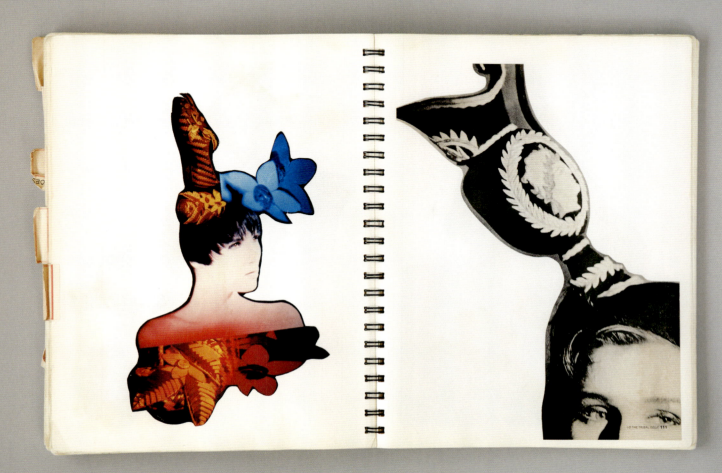

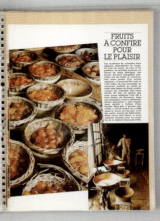

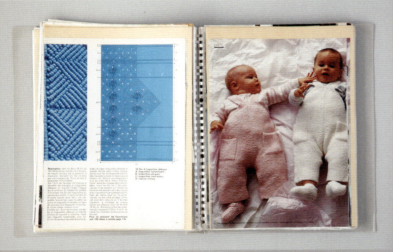

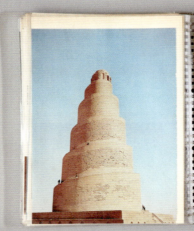

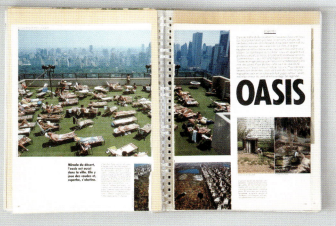

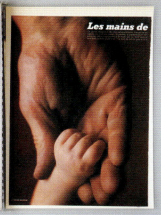

今、こうして自分で作った
スクラップブックを見ていると、
懐かしくもあり、
気恥ずかしくもありというところです。
フランスで出版されていた『100IDEES』
という手づくり系の雑誌には、
いろいろな国の手工芸が特集されていて
チロリアンテープや金の糸や
銀の糸を使った刺しゅう、水着をつくりましょう、
なんていう企画もあって、
写真が夢のようにきれいでしたし、
旅のページは、
「オアシス」という切り口で
いろんな場所を紹介していました。
フランスのどこなのか、
見たこともないような
景色が毎号見られたのです。
『服装』のインテリア版に出ていた
ブルーチャイナや、
まだ珍しかったソープの写真を切り抜いて
見開きにレイアウトしたりしました。
人物はモデルが好みの顔だったり、
写真の感じに惹かれて
切抜くことが多かったですね。
70〜80年代に好きだった写真家は
ブルース・ウェーバー。
撮っているカメラマンの思いやりや
温かさや、思い切りのよさが感じられる写真で、
クラシックな感覚で品がよいです。
今見ても古くありません。
同じ種類の違った形が並んでいる
レイアウトも好きなので、
多種類の雑誌から自転車や靴ばかり集めて
自分でレイアウトしたりもしました。
でも『ELLE』だけはレイアウトが完璧で
そのままのページを切って残してあります。

STITCHLESS NOTE BOOK

Made by Kyokuto Note Co., Ltd.
With the epoch making machine imported
from West Germany

Title

This note book is made of
the best quality paper and designed by
young men for the young

Class No 1 1978. 3~11/6

Name Naoko Shimoda

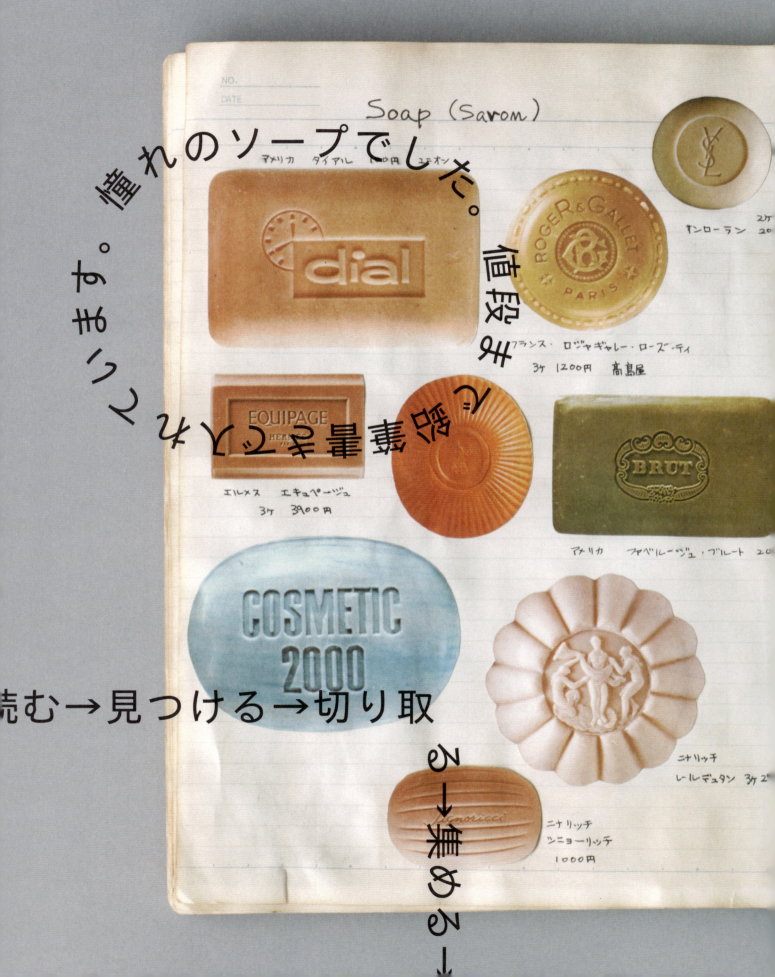

自然の形　　　　　　　　　　　模様を連続させて

拡大して展開する   どんどん変化させていく

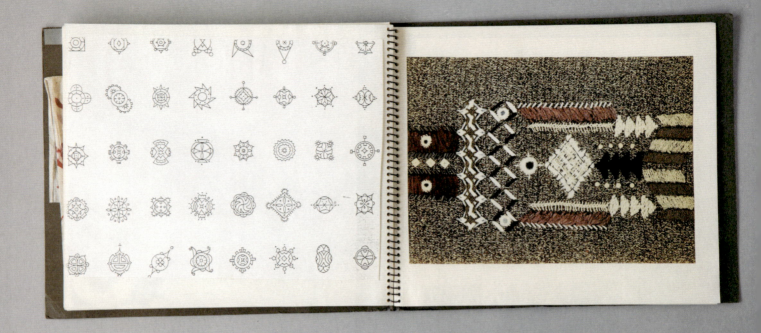

87

CATALOGUES

西荻窪から吉祥寺に
アトリエを移してきて、
夫がお店を出したのを機に、
時間ができたので、
お教室に来られない方々のために、
キットや材料セットを企画して、
通販カタログを作っていました。
気に入った模様を表紙の色紙に
コピーし、自分で撮った作品や
材料の写真を貼り付けて、
実物サンプルを切って貼って
一冊にとじて。すべてが手づくり。
多い時で100人ぐらいの方に
送っていたでしょうか。
このカタログを8年ほど続けて、
キットの商品企画力の腕が
上がりました。
商品は日本のメーカーさんをはじめ、
テープやボタンはニューヨークの
知り合いから送ってもらって、
品ぞろえを充実させました。
今思えば、
自分の歴史のようでもあります。

Contents

1-9 FABRIC+CROCHET
　　CUSHION・SHOPPING BAG・TRAVEL POUCH・COIN CASE
　　EMBROIDERY BOX・TEA COZY・POT CENTER
　　POT HOLDER・KNITTING NEEDLE CASE・PIN CUSHION

10-13 BABY'S FIRST SHOES+KNITTING TOY

14-17 ALUMINUM POST CARDS STAND+FLOWER STAND+PHOTO STAND

18-26 CASUAL BAG
　　RIBBON WORK APPLIQUE・COIL YARN CROCHET
　　U.S.A. USED INTERIOR FABRIC

27-29 HAND BAG ACCESSORY

30-39 IMPORT ANTIQUE GOODS
　　BUTTON・CROCHET TAPE・TRIMMING・MOTIF

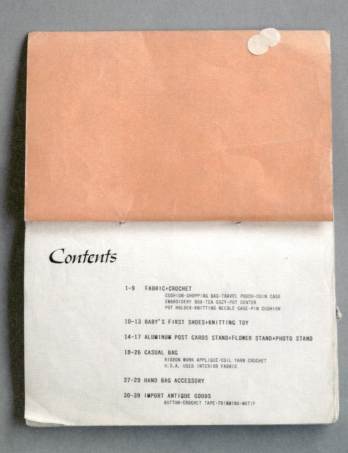

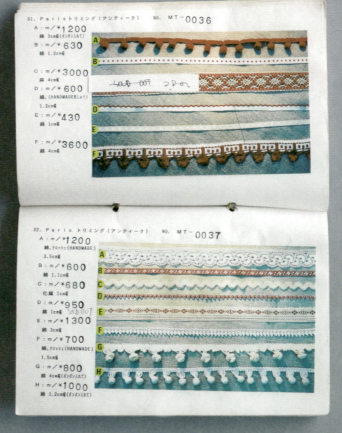

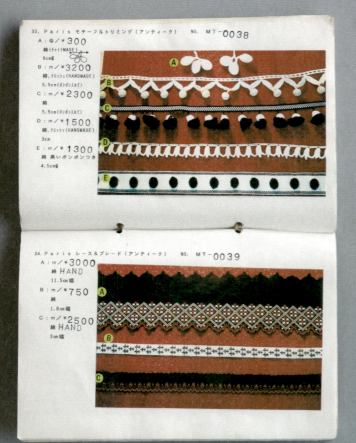

8.ニッティングニードルケースA・B ニードルケースC　NO. MT-0010
1セット A*¥4700 B*¥1700 C*¥1800　A(¥3/34) B(¥1,132)
*セット内容:製図、布、バイヤステープ、糸、ボタン、フェルト(C¥1200)
*色
A-茶、赤、白、緑
オレンジ(内イエロー)
B-赤、緑、白、オレンジ
(内グレー)
C-赤、白、ピンク
*素材:
A-綿、化繊、サマーウール
B-綿、化繊
C-綿、化繊
*サイズ
A-41×39cm
B-17×19cm
C-10.5×20.5cm

9.ピンクッション　NO. MT-0011
1セット A*¥1600 B*¥1600 C*¥1200 D*¥1200　各(¥800)Eのみ
E*¥1600 F*¥1600　¥1000
*セット内容:製図、布、糸、綿、ビーズなど
*色
A-赤、生成り
B-緑、クリームイエロー
C,D-赤、生成り
E-白、ピンク
F-赤、白、グレー
うすオレンジ
*サイズ
A-8.5×8.5cm
B-9.5cm角
C-高さ4.5×径5cm
D-高さ4.5×径5cm
E-8.5cm角
F-8×10cm

24.USA USED小花プリントオーガンジーバッグ　NO. MT-0028
1セット ¥7800　¥4380
*セット内容:製図、布、リボン
(持手を入れないで)
*サイズ:30×43cm
*色と素材
B-白、青、ピンク
化繊、綿
①赤地に黄色
綿 SOLD OUT
②フルーツ柄
綿
③赤、白の花
綿
④ピンク地に動物
綿

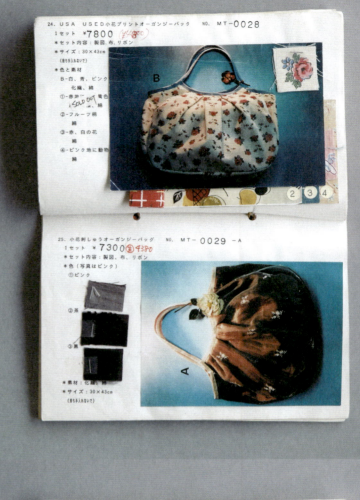

25.小花刺しゅうオーガンジーバッグ　NO. MT-0029-A
1セット ¥7300　¥4380
*セット内容:製図、布、リボン
*色(写真はピンク)
①ピンク
②茶
③黒
*素材:化繊、綿
*サイズ:30×43cm
(持手を入れないで)

35.New york ボタン(アンティーク)　NO. MT-0040
A:@/¥130
綿 白 1.8cm
B:@/¥1000
シェル 3.3cm
C:@/¥250
綿 白 1.2cm
D:@/¥350
ガラス 黒
1×0.6cm
E:@/¥380
ガラス 黒
0.8cm×0.8cm
F:@/¥400
プラスチック(白に星の模様)
1.5cm
G:@/¥250
プラスチック 白 1.8cm

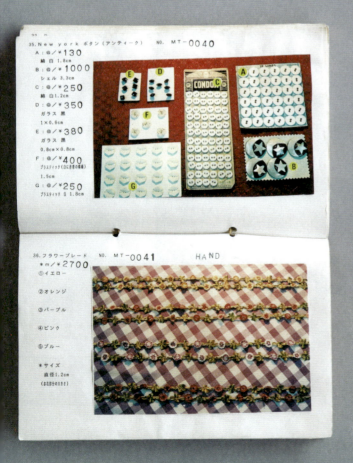

36.フラワーブレード　NO. MT-0041　HAND
*m/¥2700
①イエロー
②オレンジ
③パープル
④ピンク
⑤ブルー
*サイズ
直径1.2cm
(お花の大きさ)

39.New yorkブレード&コサージュパーツ　NO. MT-0044
A:m/¥150
綿 白、黒
0.8cm
B:m/¥200
綿 ベージュ、茶
1.4cm
C:m/¥300
綿、麻 白
1cm
D:m/¥100
麻 麻色
1cm
E:m/¥700
ゴールドメタルヤーン
F:m/¥700
シルバーメタルヤーン
(E・Fとも1.1cm幅)

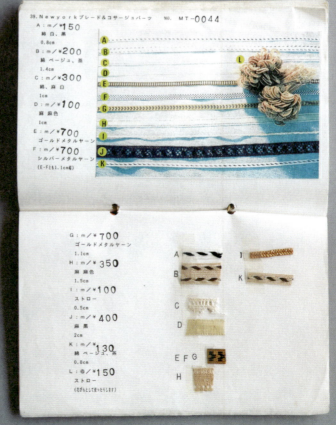

G:m/¥700
ゴールドメタルヤーン
1.1cm
H:m/¥350
麻 麻色
1.5cm
I:m/¥100
ストロー
0.5cm
J:m/¥400
麻 黒
2cm
K:m/¥130
綿 ベージュ、茶
0.8cm
L:@/¥150
ストロー
(花びらとしてつかうといい)

OUTING

車は、最初がマツダファミリア、二代目もファミリア、ワーゲンのゴルフ、ボルボ240と乗り継いで、今はジープの三代目、パトリオット。荷物が積めて、角ばった形が好きなのかな。最近、よくいくお店が多い鎌倉にも車で出かけます。

鎌倉に気になるお店がいくつかあるので、よく行きます。手作り作家をしていた小山千夏さんのお店、「ファブリックキャンプ」には、アフリカやインドのフォークロアな生地が無地で素朴なんだけど、いい色がそろっています。夏にビーチサンダルを履いて、ふらっとここに入ってきた女の子がいたんですけど、そんな湘南の女の子に似合いそうなお店。絞りの生地だとか、すごく面白いものがあります。メンズのシャツを作っても着やすいだろうな。

鎌倉野菜を買いに市場に行く途中で見つけました。種類も豊富で、貝ボタンも特大から小さいものまで、自然にデッドストックになってしまったような掘り出し物が見つかります。名前は「富士ボタン」。

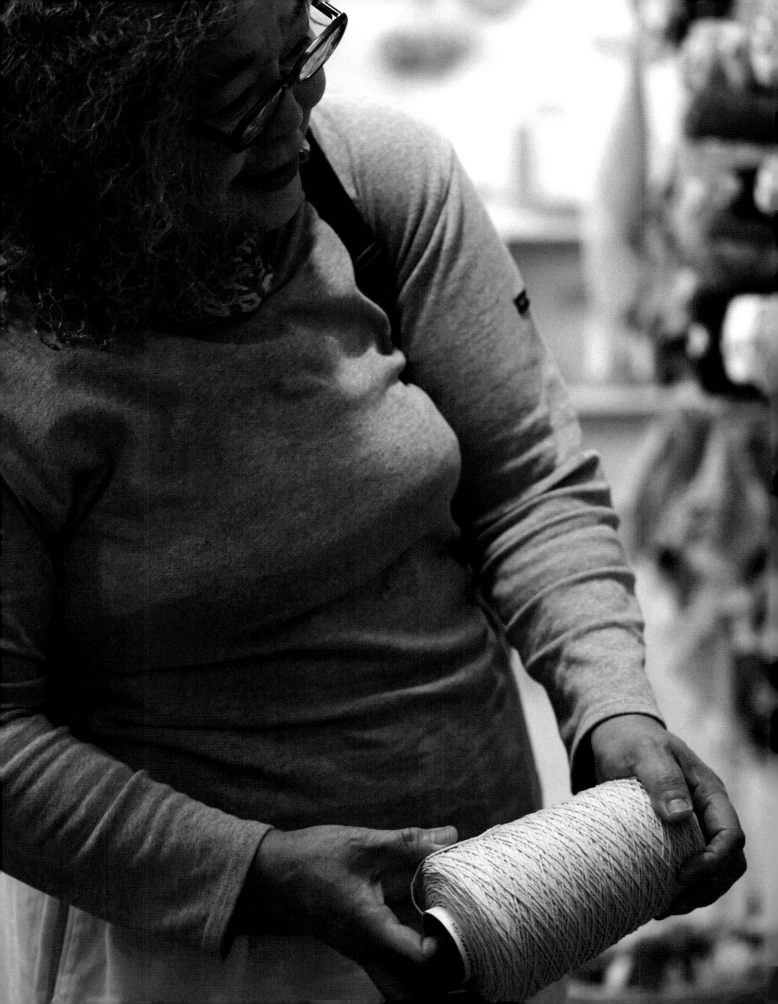

毛糸ショップのアヴリルは、吉祥寺店がアトリエの近所だったので10年くらい前からお世話になっています。糸自体は10g単位で量り売りをしてくれるので便利です。コーンの形の仕様で糸もかわいいし、長く定番で扱ってくれているものも多く、原毛のようなふわっとした糸や、織り向けの強撚糸もバッグを編むには都合がよいので、お気に入りのお店として長いお付き合いになっています。

夜は気ままに外で呑む。ハーモニカ横丁のいつもの場所。ひとりも良いが、気の合う仲間とならさらに良い。

話すことは大抵、たわいもないこと。
それぞれの時間が流れているのがいい。

TECHNIC

「一つ目小僧」というブランドでデザインをしている時に、初めてかぎ針に挑戦したのですが、ほぼ独学で、レース編モチーフ集などを参考に自分でアレンジをしていました。その頃、人が編んだものを見て「何かずるっとゆるい感じだな、べたっとしてるな」と思うことが多くて、以来一番気をつけていることは、「きりっ」としたゆるみのない仕上がりを心がけることです。特にバッグはウェア物と違って日々使うものであることと、作品というよりは製品に近い小物なのでよりカチッとした仕上がりが求められます。

今回の作品はどちらもかぎ針編みがデザインのポイントで、一つひとつのモチーフのエッジを適度に立たせて、立体感を出し、その集合体で仕上がりの雰囲気を出すようにしました。かぎ針編みは、たとえば長編みで立体感を出したいときは、鎖編みの3目立ち上がりを2目立ち上がりにするとか、目数を減らして調節します。ですからデザインも作りながら微妙に変化させていくことも多いです。

このグリーンのウール地はカネボウが長年出している定番の生地で、いろいろな色があります。バッグの仕立てでは芯地を丁寧に入れて、こまめにアイロンをかけ、ピン打ちをして縫います。底のカーブのところは、きれいに収まるように裏布に切れ込みを入れるだけでは厚みが出てボテッとしてしまいますから、三角にカットしてしまいます。つないだモチーフを布地に縫い付ける時には、面倒でもしつけをいとわずに行います。今回は色とりどりのモチーフにDMCの5番刺しゅう糸を用いてみました。もう一つのがまぐちバッグはフースフリーデンのNKヤーンという織り糸を用いています。このように求める仕上がりに合わせて、用途にこだわらずに素材を探すことで思わぬ発見があるので、そのような目で素材探しをしてみることもお勧めします。

最後にこのように多色のモチーフを組み合わせる時の注意点は、隣にくる色がきれいに見えるように配置すること。これだけでも、あなたの作品は見違えるようになるでしょう。

BRAND NEW BAGS

右ページ：きれいなマットなグリーンのウール地に、色とりどりのかぎ針モチーフを貼りつけて。モチーフの素材はツヤのある5番刺しゅう糸なので、仕上がりに華が出ます。
左ページ：小さな丸いモチーフをかぎ針でつなげていきます。底の部分が自然にスカラップになったデザイン。がま口は細長い角型で、赤い玉と鎖状の樹脂の持ち手をデザインのアクセントに。
※この作品の作り方がダウンロードできます。128ページをご覧ください。

フィッチェ・ウォーモで小西良幸さんと仕事をしているときに、フランスの蚤の市で見つけた、この古いマクラメバッグにインスパイアされてウェアをデザインしたことがあります。ザクッとした立体感のある手仕事が好きです。四角いかぎ針のモチーフと手触りのある麻の布の組み合わせとか。手芸はもともと女性っぽくて、甘くて、柔らかいものだけど、それをハードな素材と合わせたり、編み地をきりっと立たせたりしてバランスをとると私らしくなるんです。

SPECIAL THANKS

株式会社 アヴリル 吉祥寺店　　　東京都武蔵野市吉祥寺本町 2-34-10
　　　　　　　　　　　　　　　　TEL.0422-22-7752
　　　　　　　　　　　　　　　　http://www.avril-kyoto.com

エル・ミューゼ　　　　　　　　　東京都武蔵野市吉祥寺本町 2-22-5　マミール吉祥寺 202
　　　　　　　　　　　　　　　　TEL.0422-20-2051
　　　　　　　　　　　　　　　　http://www.l-musee.com

JUKI 販売株式会社　　　　　　　東京都多摩市鶴牧 2-11-1
　　　　　　　　　　　　　　　　TEL.042-357-2530
　　　　　　　　　　　　　　　　http://www.juki.co.jp

株式会社 田中安工業所　　　　　 大阪府東大阪市柏田西 1-9-22
　　　　　　　　　　　　　　　　TEL.06-6722-1806
　　　　　　　　　　　　　　　　http://www.tanaka-yasu.com

株式会社 角田商店　　　　　　　 東京都台東区鳥越 2-14-10
　　　　　　　　　　　　　　　　TEL.03-3863-6615
　　　　　　　　　　　　　　　　http://shop.towanny.com

ディー・エム・シー 株式会社　　 東京都千代田区神田紺屋町 13　山東ビル 7F
　　　　　　　　　　　　　　　　TEL.03-5296-7831
　　　　　　　　　　　　　　　　http://www.dmc.com

fabric camp　　　　　　　　　　 神奈川県鎌倉市扇ガ谷 1-9-14　1F
（ファブリックキャンプ）　　　　TEL. 0467-24-9000
　　　　　　　　　　　　　　　　http://fabric-camp.jp

富士ボタン　　　　　　　　　　　神奈川県鎌倉市小町 1-3-8
　　　　　　　　　　　　　　　　TEL.0467-22-3522
　　　　　　　　　　　　　　　　http://www.kamakura-shops.com/s_shops.php?sc=1102

フースフリーデン　　　　　　　　東京都港区南青山 1-1-1　新青山ビル　東館 1F
（NK ヤーン）　　　　　　　　　 TEL.03-3475-1760
　　　　　　　　　　　　　　　　http://husfliden.ocnk.net

文化出版局　　　　　　　　　　　東京都渋谷区 代々木 3-22-1
　　　　　　　　　　　　　　　　TEL.03-3299-2211
　　　　　　　　　　　　　　　　http://books.bunka.ac.jp

株式会社 ベビーロック　　　　　 東京都千代田区九段北 1-11-11
（HUSQVARNA-VIKING）　　　　　　 TEL 03-3265-2851
　　　　　　　　　　　　　　　　http://www.husqvarna-viking.jp

株式会社 町田絲店　　　　　　　 東京都台東区駒形 1-1-1
　　　　　　　　　　　　　　　　TEL.03-3844-2171
　　　　　　　　　　　　　　　　http://www.machida-ito.co.jp

龍 2（RON-RON）=P112　　　　　　東京都武蔵野市吉祥寺本町 1-1-4

BOOK LIST（2016年8月現在）

書名	発行日	出版社
編んでうれしいベビーニット	1990年9月10日	文化出版局
カントリー・ニッティング	1990年12月20日	日本ヴォーグ社
大好きな1日、大切な1日、やさしい1日	1992年9月13日	文化出版局
花といっしょに、1日　下田直子のknit diary	1993年10月10日	文化出版局
ニッティング・ファクトリー　アルルの小花に恋して	1993年11月20日	日本ヴォーグ社
マドモアゼルのかわいいくらし　手芸を楽しむ66のアイデア（共著）	1994年6月10日	日本ヴォーグ社
小さなものにこだわって。下田直子のknit diary	1994年10月2日	文化出版局
下田直子のベビーニットブック	1995年9月11日	文化出版局
マドモアゼルのかわいいくらし　手芸を楽しむ77のアイデア（共著）	1997年5月10日	日本ヴォーグ社
ハンドメイドバッグ　下田直子のneedlework time	1999年8月9日	文化出版局
モチーフ・バッグ　下田直子のknit work	2001年1月30日	雄鶏社
下田直子の刺繍　THE BOOK OF BAG	2003年1月30日	雄鶏社
チャーミングバッグ　下田直子のembroidery	2003年2月3日	文化出版局
きものバッグがほしい	2003年11月10日	文化出版局
下田直子の刺繍図案	2004年12月12日	文化出版局
かぎ針編みっておもしろい	2005年10月9日	文化出版局
かぎ針編みっていいね	2006年9月17日	文化出版局
フェルトっておもしろい	2006年10月8日	文化出版局
フェルトde小物	2007年11月24日	主婦の友社
下田直子のビーズ編み	2007年12月5日	日本ヴォーグ社
棒針編みだっておもしろい	2007年12月9日	文化出版局
下田直子のNEEDLE WORK	2007年12月20日	雄鶏社
ステッチっておもしろい	2008年11月3日	文化出版局
下田直子のかんたんニット	2009年10月20日	日本ヴォーグ社
下田直子のハンドメイド塾	2010年3月10日	主婦の友社
いろいろ通して、かぎ針編み	2010年4月25日	文化出版局
下田直子のアンダリヤワールド	2010年6月27日	文化出版局
下田直子のアンダリヤストーリー	2011年3月27日	文化出版局
下田直子のステッチ・ワーク　切手×刺繍	2011年7月25日	グラフィック社
下田直子の刺しゅうの本	2012年6月15日	NHK出版
下田直子の小さな小さな贈り物	2012年9月13日	高橋書店
下田直子の手芸技法	2013年3月1日	文化出版局
下田直子　ハンドクラフト展　手芸っておもしろい！	2014年1月21日	日本ヴォーグ社
下田直子の編み物技法	2016年2月8日	文化出版局
下田直子／アトリエ　Ideas and Source	2016年9月10日	日本ヴォーグ社

下田直子　アトリエ
NAOKO SHIMODA
ATELIER Ideas and Source

発行日：2016年9月10日
著　者：下田直子
発行人：瀬戸信昭
編集人：今ひろ子
発行所：株式会社　日本ヴォーグ社
〒162-8705　東京都新宿区市谷本村町3-23
TEL. 03-5261-5081（販売）　03-5261-5197（編集）
出版受注センター：TEL. 03-6324-1155　FAX03-6324-1313
振替：00170-4-9877
印刷所：株式会社東京印書館
Printed in Japan
© Naoko Shimoda 2016
© Ryo Shirai 2016
ISBN978-4-529-05623-6

下田直子　NAOKO SHIMODA
1953年東京生まれ。文化服装学院ハンディクラフト科卒業。
ニットメーカーの「一つ目小僧」「FICCE UOMO」などのデザイナーを経て渡米。
帰国後『毛糸だま』（日本ヴォーグ社）で発表されたニット作品が大好評を博し、手芸作家として不動の地位を築く。
1993年福島県立美術館で開催された「現代の染織」展で現代作家の一人に選ばれる。
1998年手芸スクール「オフィスMotif」を設立。著書は現在まで35冊を数える。
2014年美術館えきKYOTOにおいて「下田直子ハンドクラフト展—手芸っておもしろい」を開催し3万人を動員、
その後2016年日本橋三越、博多阪急と巡回展覧を行った。

120ページ、121ページの作品の作り方説明がダウンロードできます。以下のURLか、
QRコードからアクセスしてください。プリントアウトするにはプリンターが必要になります。
なお、ダウンロード並びにプリントアウトは、当書籍の購入者に限らせていただきます。

http://www.tezukuritown.com/book/nsa/

＊本書の複写に関わる複製、上映、譲渡、公衆送信（送信可能化を含む）の各権利は株式会社日本ヴォーグ社が管理の委託を受けています。
JCOPY〈（社）出版者著作権管理機構　委託出版物〉
＊本書の無断複写は、著作権法上での例外を除き禁じられています。複写される場合は、そのつど事前に
（社）出版者著作権管理機構（電話03-3513-6969、FAX03-3513-6979、e-mail:info@jcopy.or.jp）の許諾を得てください。
＊万一、乱丁本・落丁本がありましたら、お取り替えいたします。小社販売部までご連絡ください。